AF336062

LETTRES

PATENTES DV ROY,

portant affranchissement du droit des
Francs-fiefs, nouueaux Acquests, Ban &
Arriereban, donnez en faueur des Ha-
bitans de la Ville & Faulx-bourgs de
BLOIS, en consequence du 46. Arti-
cle de la Coustume dudit lieu.

Verifié en la Cour de Parlement le 6. Feurier 1617. Et en la Chambre des
Comptes le 1. Mars ensuiuant.

A BLOIS,

Par IACQVES & MICHEL COTTEREAV,
Imprimeurs du Roy, & de la Ville.

M. DC. XXXIV.

LETTRES PATENTES

du Roy, portant affranchissement
du droit des Francs-fiefs, nouueaux
Acquests, Ban & arriereban,
donnez en faueur des Habitans de
la Ville & Faulxbourgs de Blois,
en consequence du 46. Article de la
Coustume dudit lieu.

OVIS par la
grace de Dieu
Roy de France
& de Nauarre :
A nos Amez &
Feaux Conseillers les gens tenans nostre Cour de Parlement, Chambre de nos Com-
ptes à Paris, & autres nos Iu-

sticiers & Officiers qu'il appartiendra, Salut. Nos chers &
bien Aymez, les Escheuins &
Habitans de la Ville de Blois,
Nous ont fait remõstrer, qu'ē-
cores que par le quarante-sixiesme Article de leur Coustume & confirmation de leurs
priuileges verifiez en nostre-
dite Chambre des Comptes &
Cour des Aydes, ils soyent
exempts du payemēt du droit
de Francs-fiefs & noueaux
acquests : Que c'est affranchissement est immemorial en
ayant joüy paisiblement du
temps des Comptes dudit
Blois, mesmes que lesdits Habitans s'estants opposez à la
leuée desdits droits, ils en ont

obtenu des surceances de
temps en temps, & que si au-
cuns particuliers l'ont payé
cela ne peut faire prejudice à
leurs priuileges, ny au general desdits Habitans, toutes-
fois ceux qui ont contracté
pour lesdits Francs-fiefs, les
veulent contraindre au payement desdits droits, esperant
de tirer d'eux par cette con-
trainte, & par vne longueur
de procez, ce qu'ils ne peuuent esperer iustement: Et par
ce que lesdits Habitans qui
nous ont tesmoigné en ces
derniers mouuemens & par
tout ailleurs, tout deuoir de
fidelles subjects, ne sõt moins
considerables que plusieurs

Villes & communautez qui
jouïssent de pareille grace. Ils
nous ont fait supplier & re-
querir attendu ce que dit est,
dont il appert par lesdites pie-
ces cy attachez : Nostre plaisir
soit les descharger desdits
Francs-fiefs ensemble de la
contribution au Ban & Arriereban, & autrement leur pouruoir sur ce. Nous bien infor-
mez de la fidelité desdits Habitans, & qu'ils ne se sont ia-
mais despartis de l'obeïssance
des feux Rois nos predecesseurs, ny de la nostre, estimant
que les gratifier de cette re-
compence c'est leur tesmoi-
gner le ressentiment que nous
auons de leurs seruices, & les

obliger de plus en plus à nous
continuer les mesmes deuoirs.

AVONS en consequence
dudit Article de leur Coustume & de nostre plaine puissan-
ce & authorité Royalle par ces
presentes signez de nostre
main, permis & permettons à
tous lesdits Habitans tant de
ladite Ville que Faulx bourgs
d'icelle qui ne sont de la condition noble, de tenir & posseder des Franc-fiefs & nouueaux
acquests & tous autres Fiefs &
terres que peuuent auoir &
posseder les Nobles de ce Royaume, sans que pour raison de
ce ils soient ne puissent estre
tenus de nous payer, ny aux
Roys nos successeurs, quel-

que droits que ce puiſſe eſtre,
& pour cét effet, nous auons
exempté & affranchi, exem-
ptons & affranchiſſons, tous
& chacuns leſdits Habitans
tant de ladite Ville que Faulxbourgs du payemens des
droits de Francs-fiefs, nouueaux acqueſts, & autres
qu'ils doiuent & pourroient
deuoir pour raiſon des Fiefs,
& terres nobles qu'ils poſſe-
dent & poſſederont à l'aduenir, en quelques lieux qu'ils
ſoient aſſis & ſcituez: Vou-
lons & nous plaiſt qu'ils en
demeurent quites, ſans qu'o-
res ny à l'aduenir ils y ſoient
ny puiſſent eſtre contraints,
pour quelque pretexte que ce
ſoit,

ſoit, comme auſſi pour les
meſmes conſiderations nous
auons deſchargez & affran-
chis les Habitans de ladite
Ville & Faulxbourgs de la
contribution au Ban & arriereban. Deffendant à nos Officiers & autres quelconques
de les impoſer cy apres aux
Roolles de ceux qui ſont ſub-
jets, tant au payement deſdits Francs-fiefs & noueaux
acqueſts, que contribution
dudit Ban & Arrieban, à peine de s'en prendre à eux en
leur propre & priué nom. Et
à cette fin mandons & or-
donnons à chacun de vous
de verifier & faire enregiſtrer
ces preſentes, & du contenu

d'icelles faire jouïr & vſer plai-
nement paiſiblement, & per-
petuellement tous leſdits Habitans ſans permettre qu'il
leur ſoit mis ny donné aucun
trouble ou empeſchement au
contraire, nonobſtant quelconques Ordonnãces, Ediéts,
Deffences & Lettres à ce con-
traires aulquels & à la dero-
gatoire d'icelles. Novs auons
en conſideration des ſeruices
deſdits Habitans, derogé &
derogeons par ceſdites preſentes: Car tel eſt noſtre plaiſir.
Donné à Blois le vingt-quatrieſme iour d'Auril l'an de
grace mil ſix cens ſeize. Et de
noſtre regne le ſixieſme.
Signé, LOVIS.

11

Et plus bas par le Roy,

DE-LOMENIE.

Et séellé du grand séel de cire jaulne sur simple queuë.
Et plus bas est escrit.

Egistrées oüy le Procureur
general du Roy, pour joüir
par lesdits impetrans du contenu en
icelles selon leur forme & teneur:
A Paris en Parlement le sixiesme
Feurier mil six cens dixsept.

Signé,   DV-TILLET.

Et plus haut est encores escrit.

Egistrées en la Chambre des
Comptes, ouy le Procureur
general du Roy, pour joüir par lesdits impetrans de l'effet & contenu
en icelles, selon leur forme & teneur, le premier iour de Mars mil
six cens dix sept,

Signé,   BERTELIN.

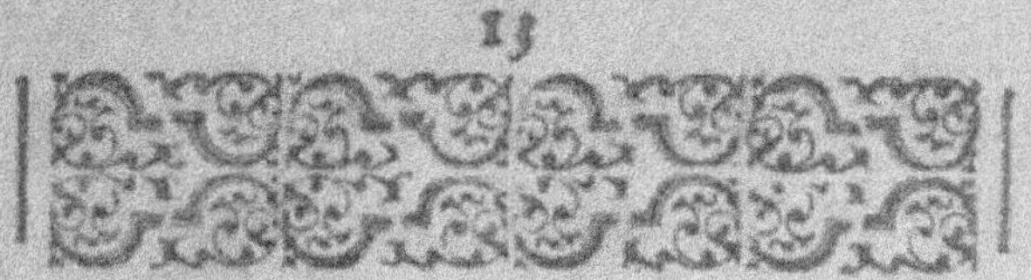

EXTRAIT
des Registres du
Cóseil d'Estat.

VR la Re-
queste pre-
sētée au Roy
en son Con-
seil, par les
Escheuins
de la Ville
de Blois, contenant qu'ils au-
roient le vingt-quatriesme
iour d'Auril dernier, obtenu
Lettres patentes de sa Majesté, par lesquelles en conse-

Arrest de renuoy du Conseil à la Cour.

quencé du quarante-sixiesme
Article de la Coustume du
Bailliage dudit Blois , portant qu'il est permis indiffe-
remment à toutes personnes
de tenir, acquerir, & posseder
les Fiefs : Sadite Majesté auroit declaré les Habitans tant
de ladite Ville que Faulxbourgs d'icelle , exempts du
payement du droit de Francs-
fiefs & nouueaux acquests, &
autres qu'ils doiuent & pourroient deuoir pour raison des
fiefs, & terres nobles qu'ils
possedent, & possederont à
l'aduenir en quelques lieux
qu'ils soient assis & scituez.
Lesquélles lettres ayant esté
presentées à la Cour de Parle-

ment de Paris pour y estre ve-
rifiées , elles auroit aupara-
uant que proceder à la verification d'icelles : Ordonne
qu'elles seroient communi-
quées au Procureur general
de sa Majesté, en ladite Cour,
qui auroit refusé de donner
ses conclusions sur icelles, à
cause de l'instance qui est pendante audit Conseil, pour raison du payemēt desdits droits,
entre lesdits Escheuins de ladite Ville de Blois, & Pierre
Desbois & Louis Vazet, qui
ont contracté auec sa Majesté desdits droits de Francs-
fiefs & nouueaux acquests, &
le Procureur de sa Majesté au
Tresor joint auec eux, reque-

rant qu'il pleuſt à ſa Majeſté
renuoyer en ladite Cour de
Parlement, ladite inſtance
pendante audit Conſeil, pour
en procedant à la verification
deſdites Lettres d'exemption,
leur eſtre fait droit ainſi qu'il
appartiendra : VEV ladiète
Requeſte leſdites Lettres patentes du vingt-quatrieſme
d'Auril dernier, & ladite Requeſte preſentée à ladite Cour
de Parlement, par leſdits Eſcheuins & Habitans de ladite
Ville de Blois, pour l'enteri-
nement deſdites Lettres ſelon
leur forme & teneur, ſur la-
quelle auroit eſté ordonné
qu'elles ſeroient monſtrées
audit Procureur general de ſa
Majeſté,

Majefté : LE ROY EN SON
CONSEIL a renuoyé & ren-
uoye ladite Requefte & Lettres patentes du vingt-qua-
triefme iour d'Auril dernier,
enfemble l'inftance d'oppofi-
tion pendante audit Confeil
d'entre lefdits Efcheuins de
Blois, & lefdits Vazet & Def-
bois, & ledit Procureur de
fadite Majefté au trefor joint
auec eux, en la Cour de Parlement de Paris, pour pouruoir aufdits Efcheuins de ladite Ville de Blois, & eftre fait
droit aux parties fur le tout
ainfi qu'il appartiendra par
raifon. Faict au Confeil d'E-
ftat du Roy tenu à Paris le fe-
ziefme iour de Iuillet mil fix

cens seize.

Signé, BOVER.

Et au dos est escrit.

Leu au Siege Presidial de Blois,
& enregistrées au Greffe comme appert par acte du Samedy quinziesme iour d'Auril, mil six cens-
dix-sept.

Signé, BOVRSIER.

LOVIS par la grace de Dieu Roy de France & de Nauarre, A nos Amez & Feaux Conseillers les Gens tenans nostre Cour de Parlement à Paris, Salut. Par l'Arrest ce jourd'huy donné en nostre Conseil dont l'extrait est cy attaché soubs le contre seel de nostre Chancellerie: Sur la Requeste en icelluy presentée par nos bien-aymez les Escheuins de nostre Ville de Blois, Nous vous

Commission sur ledit Arrest du renuoy.

auons renuoyé & renuoyons
par ces presentes ladite Requeste & Lettres patentes du
vingt-quatriesme d'Auril dernier, qu'ils ont obtenuës de
Novs, par lesquelles en consequence du quarante-sixiesme Article de la Coustume
du Bailliage de ladicte Ville.
Nous auons declaré les Habitans tant de nostre dicte
Ville que Faulxbourgs d'icelle, exempts du payement de
droit de Francs-fiefs & nouueaux acquests, & autres
qu'ils doiuent & pouroient
deuoir pour raison desdits
Fiefs, & terres nobles qu'ils
possedent & possederont à
l'aduenir, en quelques lieux

qu'ils soient assis & scituez,
ensemble l'instance d'oposi-
tion pendante en nostredit
Conseil, pour raison du payement desdits droits d'entre lesdits Escheuins de ladicte Ville, & Pierre Desbois & Louis
Vazet, qui ont contracté
auec Nous, desdits droits de
Francs-fiefs & noueaux acquests, & nostre Procureur
au Tresor joint auec eux, &
Vous mandons & ordonnons
pouruoir ausdits Escheuins
de nostre-dicte Ville de Blois,
& faire droit ausdites parties
sur le tout, ainsi qu'il appartiendra par raison. De ce faire
vous donnons pouuoir, au-
ctorité, commission, & man-

dément ſpecial par ces preſentes, par leſquelles mandons
au premier Huiſſier ou Ser-
gent ſur ce requis, faire à la
Requeſte deſdits Eſcheuins
de noſtre dicte Ville de Blois,
tous exploits, ſignifications,
& aſſignations, requiſes &
neceſſaires, pour l'execution
tant de noſtredit Arreſt que
de ceſdites preſentes, ſans
qu'il ſoit pour ce tenu deman-
der placet, viſa, ne pareatis:
Car tel eſt noſtre plaiſir. Donné à Paris le ſeizieſme iour de
Iuillet, l'An de grace mil ſix
cens ſeize : Et de noſtre regne
le ſeptieſme. Signé par le Roy
en ſon Conſeil, BOVER.
Et ſcellé du grand ſéel de

cire iaune sur simple quëuë:
Et sur le dos est escrit.

LEu au Siege Presidial de Blois,
& enregistré au Greffe comme appert par acte du Samedy quinziesme Auril mil six cens dix-sept.

Signé.   BOVRSIER.

EXTRAIT
des Registres de Parlement.

ENTRE les Escheuins de la Ville de Blois demandeurs, en execution d'Arrest du Conseil priué du Roy, du seiziesme Iuillet dernier, & retention suiuant ledit Arrest d'vne part, & Maistre Pierre Desbois & Louis Vazet deffendeurs d'autre.

Appoincté

Appointé est du consente-
ment des parties: La Cour a
retenu & retient la cognoif-
gnoiffance du procez & caufe, renuoyé par Arreft du Confeil priué du Roy en ladite
Cour dudit feiziefme Iuillet
dernier, Ordonne que les parties viendront proceder en
icelle fuiuant les derniers er-
remens pris en iceluy procez
ainfi que de raifon, & les parties appointées à oüir droit
comme deuant. Faiét en Parlement le vnziefme Aouft mil
fix cens feize.

Signé,   VOISIN.

D

Et au dos est escrit.

Leu au Siege Presidial de Blois, & enregistré au Greffe comme appert par acte du Samedy quinziesme Auril mil six cens dix-sept.

Signé.   BOVRSIER.

EXTRAIT
des Regiſtres de Parlement.

V E V par la Cour, les Lettres patentes du Roy en forme de Chartres, données a Blois le vingt-quatrieſme jour d'Buril dernier, par leſquelles en conſideration de la fidelité & obeïſſance des Habitans de la Ville de Blois vers luy & ſes predeceſſeurs, & en conſequence du qua-

Arreſt diffinitif de la Cour.

rante sixiesme Article de la Coustume de Blois, Il permet à tous les habitás de ladite Ville & Faulxbourgs d'icelle qui ne sont de condition Noble, de tenir & posseder des Francfiefs nouueaux Acquests, & tous autres acquests & terres que peuuent auoir & posseder les Nobles du Royaume, sans que pour raison de ce ils soient ou puissent estre tenus de luy payer, ny aux Roys ses predecesseurs quelques droits qu'ils puissent estre, Et pour cet effet les exempte & affranchit du payement des droits de Francfiefs & nouueaux acquests & autres qu'ils doiuent ou pouroient deuoir pour raison des

Fiefs, & terres Nobles quils
possedent ou possederont à
l'aduenir en quelque lieu qu'-
ils soient scis & scituez, veut
qu'ils en demeurent quite sans
qu'ores ny à l'aduenir il y soiẽt
ny puissent estre contraincts
pour quelque pretexte que ce
soit, les déchargeant aussi de
la contribution du ban & arriereban. Arrest du Conseil
priué du Roy, du seiziéme Iuillet audit An, par lequel il auroit renuoyé lesdites lettres,
ensemble l'instance d'opposi-
tion pendante audit Conseil
entre les Escheuins de la Ville
de Blois, demandeurs d'vne
part, & Pierre Desbois & Lo-
is Vayet, ayant contracté

auec le Roy deſdits droits de
Franc fiefs & noualeaux acqueſts, Deſſendeurs d'autre,
en la Cour, pour eſtre faict
droit ſur le tout ainſi qu'il appartiendra par raiſon. Arreſt
du vnziéme Aouſt audit An,
par lequel ladite Cour du conſentement des Parties, auroit
retenu la cognoiſſance du
procez & cauſe renuoyée par
le Roy, & ordonné que leſdites parties viendroiẽt y proceder ſuiuant les derniers erre-
mens, & appointe les partyes
à ouyr droit comme d'auant,
les productions des partyes
en l'inſtance pendante audit
Conſeil : Concluſions du Procureur general du Roy, tout

consideré, Ladite Cour à ordonné & ordonne que lesdites lettres seront registrées és registres d'icelle, pour iouir par les impetrans de l'effet & contenu en icelles selon leur forme & teneur & sur l'instance d'entre les partyes renuoyées en ladite Cour, les à mis & met hors de Cour & de procez sans despens. Fait en Parlement le sixiesme Feurier mil six cens dix-sept.

Signé   VOISIN.

Et sur le dos dudit Arrest, est escrit.

Vnziefme Mars mil fix cens
dix-fept, fut le prefent Arreft
fignifié & baillé coppie enfemble des
lettres & verification d'icelles y men-
tionnées, aufdits Desbois & Vazet
y defnommez, en parlant à la Fem-
me dudit Desbois & depuis à fa
perfonne au domicille de M.
Dehouffe Procureur en la Cour,
ou ledit Desbois eft demeurant, à
ce que ledit Desbois & ledit Vazet
n'en pretendent caufe d'ignorance.

Fait par moy Huiffier en Parlement foubz-figné.

Signé,   MAZIEVLX,

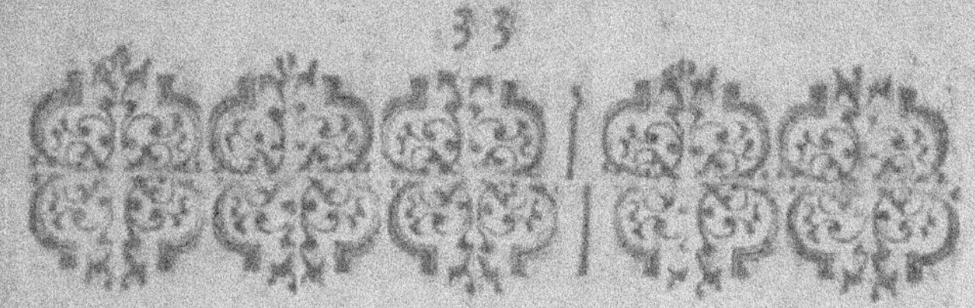

EXTRAIT
des Registres du Bailliage & Siege Presidial de BLOIS.

CE Iourd'huy, Samedy quinziesme d'Auril mil six cens dix-sept : Par deuant Nous Guillaume Ribier Conseiller du Roy nostre Sire President Presidial & Lieutenant general des Bailliage & Siege Presidial de Blois, assisté des

Publication au Bailliage & Siege Presidial de Blois.

E

Lieutenant particulier & Conseillers dudit Siege, les Lettres
patentes du Roy en forme de
chartres données à Blois le
vingt-quatriesme Auril Mil six
cens seize, portant descharge
des droits de Francs-fiefs nouueaux acquests & en consequence du quarante sixiesme
Article de la Coustume dudit
Bailliage, ensemble de la
contribution au Ban & Ar-
riere-ban, en faueur des Escheuins & Habitans de la Ville & Faulxbourgs dudit Blois.

Signées,   LOVIS.

Et plus bas

DE-LOMENIE.

Et séellées. Regiſtrées en Parlement le ſixieſme Feurier
1617. & en la Chambre des
Comptes le premier iour de
Mars audit An : l'Arreſt de
Nos-Seigneurs du Conſeil
d'Eſtat, portant renuoy de la
cauſe pendante audit Conſeil
entre leſdits Habitās & Pierre
Des-bois & Louis vazet Com-
mis à la recepte deſdits droits,
pardeuant Noſſeigneurs de la
Cour le ſeizieſme iour de Iuillet mil ſix cens ſeize. La Com-
miſſion addreſſente à noſdits
Seigneurs de la Cour pour
l'execution dudit Arreſt dat-
tée dudit iour ſignée Boüer.
Arreſts de Noſdits Seigneurs
de Parlement du vnzieſme

d'Aouſt audit An, portant retention en ladite Cour de la cauſe du conſentement des parties, & l'Arreſt deſdits Seigneurs du ſixieſme Feurier mil ſix cens dix-ſept, portant que leſdites Lettres patentes ſeront regiſtrées és regiſtres d'icelle, pour joüir par leſdits Habitans de la Ville & Faulxbourgs de Blois, du contenu en icelles ſelon leur forme & teneur, & pour le regard deſdits Desbois & Vazet & Habitans, ſur le payement deſdits droits mis hors de Cour ſigné, Voiſin. Signifié auſdits Desbois & Vazet, le vnzieſme du mois de Mars : Ont eſté ce requerant le Procureur du

Roy en ce Balliage, & Escheuins de ladite Ville, comparant par Mauffaint leur Procureur. Leuës l'Audience tenant, Ordonné qu'elles feront regiftrées au Greffe de ce Bailliage, pour y auoir recours quand befoin fera, & ce requerant lefdits Procureur du Roy & Efcheuins. Faifons inhibitions & defences à tous Huiffiers ou Sergents & autres perfonnes de rien faire ou proceder à aucunes contraintes pour la leuée defdits droits au prejudice defdites Lettres & Arreft à peine de prifon, & de tous defpens, dommages, & intereft des parties. Et enjoignons à tous Huiffiers &

Sergens, & permettons aux
Habitans de cette Ville &
Faulx-bourgs, de se saisir des
personnes des contreuenans,
& les amener prisonniers non-
obstant oppositions ou ap-
pellations quelconques, &
sans prejudice d'icelles, pour
estre procedé contre eux à la
requeste dudit Procureur du
Roy & Escheuins sur lesdites
vexations & leuées indeuës,
ainsi qu'il appartiendra par
raison. Faict & donné au Siege Presidial de Blois par nous
Lieutenant general susdit, les
An & iour que dessus.

Signé,   BOVRSIER.

Collationné aux Originaux,
par moy Greffier proprietaire
du Bailliage & Siege Presidial
de Blois, & de la Maison com-
mune de ladite Ville.

Signé,  BOVRSIER.